PIENIÄ VALAISTUJA HETKIÄ

FSC
www.fsc.org
MIX
Paperi vastuullisista lähteistä
Paper from
responsible sources
FSC® C105338

Juha Larikka

PIENIÄ VALAISTUJA HETKIÄ

runoja

Merjalle

© 2025 Juha Larikka

Kannen suunnittelu: Juha Larikka
Taitto ja kuvitus: Juha Larikka

Kustantaja: BoD · Books on Demand,
Mannerheimintie 12 B, 00100 Helsinki, bod@bod.fi
Kirjapaino: Libri Plureos GmbH,
Friedensallee 273, 22763 Hampuri, Saksa

ISBN: 978-952-80-9600-9

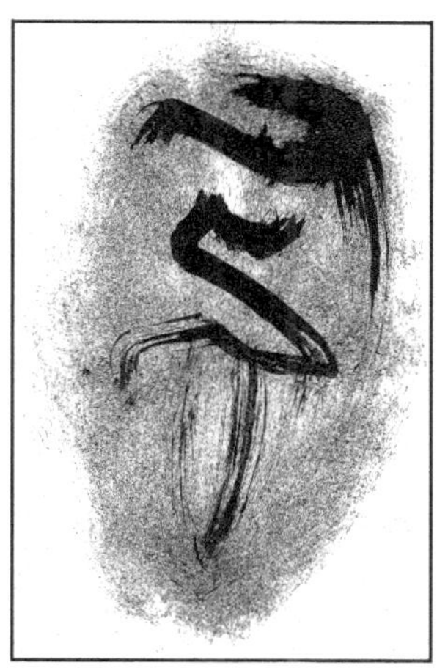

Ihminen siirtelee vuodenaikojen shakkinappuloita

kolmen siirron tarkkuus ei voita perhosensiipeä

PIENIÄ VALAISTUJA HETKIÄ

Huoneen valloittamaton valo
seinillä aurinkolaiva pukee varjot
huone täyttyy ehjäksi istua

Kutsun paperille runoa
kalligrafiaa

kutsun elämän haikua
kalligrafiaa

kutsun pääskyn lentoa
paperille

kutsun viivojen
kalligrafiaa

Runoilija vaeltaa kielensä huoneessa
Huoneessa on radiohiljaisuus
atomit pakenevat pölyhiukkasia
melkein näkymättömiä leijonia
molekyylit sähköttävät ikkunalasilla
pilvet pallottelevat aurinkoa

Aurinko hyväilee taivasta
Vaahteranlehti kääntyy
kuuntelee tuulta
Puun juurella pyöreä
musta kivi keskustelee
mullan kanssa

Ihmisten äänet
liikkuvat hiekanjyvissä

Tuulessa
kukkien alkavia värähdyksiä

Kätesi on lämmin
kuin toukokuun huulet

Pilvet yllämme
pysähtyneet suudelmaan

Pitkän rantatien varrella
sahattuja puita
hitaasti kuihtuvia koivuja

Kasvoillasi
magneettinen uni
alaston hymy

Niin lähekkäin toisissamme
että vartalot vaihtavat paikkaa

Hengitän sinussa
kaikkia maailmoja
hiuksiesi kuparista
taotaan tähdet

Hallaöinä vilja nousee
kääriytyy hiljaisuuden lakanaan

Suitsukkeita poltetaan ikkunalaudoilla
Rukoillaan sydämen äänin

Avaruuden paino lähestyy
Tähti irtoaa ja näkee kasvomme

Kävelen merenrantaa
poimin hauraita kotiloita
katkon kuivunutta kaislaa hiekalta
puiden lehdille laskeutuu tuuli

Saaren laiturin reunaa kiertää
muurahaisten polku
joku niistä sukeltaa mereen ja kirkuu
edes nälkäinen koira ei kuulisi
kun sydämetön hukkuu

Tulkitsen aikaa
tyhjennän syntymiseni
historiaa
värisen huoneessa
aamusta iltaan

Välillä
on hyvä tunnustaa
olevansa vaikeaselkoinen
kuin kalpea talvimaisema

Kuun vartalolla
liikkuu hiljaisuuden
vyöhyke

Kuun kalmiston putkiluut katsovat
runoilijan kynää

Menen tien yli
Olen vanhempi kuin koskaan
Kita aukeaa joka risteyksessä
Yksinäisyys

Maan kasvot
löytöretkellään
avaruudessa

Olen syvällä metsässä
hitaita silmiä
tähtiä
kengänkärjessä

Harakka
on graafisesti täydellinen lintu

Hillitty ruhtinas pellolla
kevään kirjanmerkki

Keväällä
se on suurennettu västäräkki
sinisyydessään lentävä meri
mustunut haiku koto

Ihminen näkee jumaluuden unia
Ihmisen kädenjälki on malja
kehtojen tomusta syntyy metsät

Ihminen on suljettu talo
ihminen ympärillään tuhottujen
peltojen luonnos

Muistikuvat menneestä
vieritetty saveen

Kastemadot ruohikolla
näkevät ihmisen
ja taivaalla kulkijat

Iltahämärässä
tummansinisen pinnalle
ihminen syntyy

Alle sekunnin kuluttua
ihminen kuolee

Yksinäinen piirtää hiiltyneen metsän muotoja
Yksinäinen kirjoittaa yksinäisen lauseen
Yksinäinen hävittää tuskan olemassaoloa

Joskus kirjoitus virtaa ajankuluksi
huonetilassa leijuu lauseiden luonnoksia
jotka ovat ystäviä

Keskustelu sanojen kautta tyhjän hetken kanssa
muuttuu tapahtumaksi ja yksinäisyys on
kynän ja paperin yhteinen liha

Kirjoittaminen synnyttää hetkeksi kuplan
missä voi hengittää turvallisesti

Kahden yksinäisen lauseen tuska
Montako sanaa lauseessa olisi oltava? neljä, seitsemän?
Ajatus olla täysi ehjä ajatus vähemmän yksin

Kirjoita totuus tai valehtele uskottavasti
kirjoita yksi lause, toinen lause
kukista hiljaisuus kukista hiljaisuus

Mustarastaan laulu , valomerkki tähdistä
26

menneen lähteestä

Ehkä Pythagoras piirsi hiilellä peiliin kaavoja
ihaili luomaansa omaa kuvaa
matemaattisen maailman takana

Ehkä hän havaitsi että aika pysähtyi peilissä
ehkä hän tiesi näkevänsä hetken toisesta maailmasta
ehkä hän uskoi löytäneensä ulottuvuuden
missä elää tulkinta luonnon mekanismeista numeroina

Ehkä hänen nenälleen laskeutui utelias perhonen
joka pysäytti ajan tullakseen tähän

Muuttuminen alkaa hämärän ovelta
hengitän päivän muistoja
liikun kaikkiin suuntiin
tämä marginaalin maailmankaikkeus
on harvaan asuttu valo

Muuttuminen
mereltä tulee perhosia
mereltä tulee myrsky aaltojen maanjäristys
kuohukermainen samea sarja aaltoja
ja hylättyä kaislaa

Lentokone taistelee kilonpainoisena ukkospilvessä

Mies saapuu rantaviivaa
hiipii usvasta
kunnes esiin tulee ruma takkutukkainen mies
Mies laulaa jotain kansanlaulua iätöntä murhelaulua
Mies askeltaa puolelta toiselle keinuen kuin vaappusorsa
Mies kuulostelee hetkisen ja jatkaa taas kohti kovaa ääntä
puhetta ja savun hohkaavaa tuoksua
Äänet tulevat rannalla olevasta mökistä
merellinen metsä on sytyttänyt piippunsa
ryhtynyt pitämään tyynellä taukoa
Hämärä ei tervehdi kun askeleet hiekkatiellä
kahdentuvat puiden heijastuksessa

Kun alat kirjoittaa: älä ajattele kuin Prometheus
ajattele hiekkarantoja, aavikoita ja vuorenhuippuja
puhtaaksikirjoittamisen murhe ja särky tulee
pölyhiukkanen piiloutuu kirjaan ja nukkuu ikuisesti
pureskele fenkolia raakana

(Prometheus lahjoitti sen, koska sytytät piipun)

Zeus oli kekseliäs
Pitäisikö käyttää preesensiä? jumalat eivät kuole
ja Sisyfos parka tietää mitä on juosta Dylanin biisin perässä

kuka halkaisisi Sisyfoksen kiven
ja asettelisi saunaani kiukaalle vaihtelu virkistää
kihahdus, se erilainen soundi
Sisyfokselle jäisi Rollareiden sammal
mukava istuskella ja kuunnella keikkaa
tanssia vuorella

Minä poltan muutaman kirjoittamani säkeen
Erottelen näkymättömän marginaalin hetkestä
Nämä jäljellä olevat ovat kuluneet irti minusta

Ne ovat musteen purskahduksia
piirroksia viivojen tanssia
Toisissa kirjaimet miekkailevat
ja ovat lause jonka Pimeys kirjoitti:
Tule valooni!

Nämä sanat eivät tahdo kellua
Terävä kynä teki reiän paperiin
olikin metaforan halvaus

(suljen muistikirjan)
(sammutan valot)
Pimeys ottaa haikunsa esiin
Yksi lukija istuu nurkassa
Kuuntelee pimeyttä
Paperinukke minussa keittää teevettä
Tahtoo vanhentua arvokkaasti

Paperi vuonna 1821 uusklassismi
Tammisaaren Iso Kirkkokatu sai palaessaan muistutuksen
että arkistot on suojattava paperin taivaassa
että aina on loputtomasti mahdollisuuksia
historian säilyttämiseen
että musteen vankkumaton sitkeys torjuu
luonnonilmiöiden haastavaa piinaa
että myöhemmät sukupolvet tietävät
mistä on heidän tiensä

Kynä on paperille liikkuva keinuva horisontti
entinen runoilija lennätti lintua
sulkakynänsä varjoa kynttilänvalossa
kulautti hapanta janoonsa
röyhtäili ja pelkäsi kujilla varjoaan

Velkakirjalla jatkettiin
luomisen tuskan aiheuttamaa vuorokautta
kaksi rottaa ehkä vain yksi riitti viemään sanat ja riimit multaan

Yhdessä painetussa kuvassa oli tarina
ja kuvaa katsomalla paperi alkoi elää
ja matkustaa oli viimeinen rukous
se merkittiin aikakirjaan +

Metsät loppuvat, kirkko palaa takaisin kun saarna on hyvä
Suojelkaa luontoa itsessänne sillä olette itse se luonto
Metsä on pyyhitty pois ja kadusta tulee pidempi ja leveämpi

(Tammisaari)

Maailmankuva on avoin kuin lapsuuden muistot

33

Elän ja kävelen sen maisemassa
nukun polkua
näen kivien unta

Järki on piilotettu rakkauden sisälle
Kuuntelen ja kirjoitan rakkauden koodia

Käyn kevään luona lasken versoja
tanssin valossa ja on orava ja iloisia lintuja
syödään yhdessä eväitä

Junassa istuu mies kivien asiantuntija
valkosipuli roikkuu hänen reppunsa sivutaskusta
luen Aku Ankkaa hänelle
mies nauraa syö eväitään sipulivoileipiä
tarjoan hänelle kahvia mies hymyilee
matkustamme samassa maailmassa nälissämme
kevät on jo pitkällä
mies paastoaa juomalla olutta
mies alkaa laulunsa kun olut on käynyt
hänen lävitseen hymyksi asti
minä näen hänen siipensä
minusta ei ole enää lentäjäksi kartanlukijaksi ehkä
mies sanoo huhhei kulauttaa uudesta pullosta
tarjoaa minullekin mutta minun ei ole
koskaan jano kun näen enkeleitä kuuntelen junan hymniä
mies on minun pikkuveljeni joka nukkuu jo
kuulen laulua jostain se lohduttaa kuin rukous
se on viimeinen se kesäilta kun keskustelimme
lapsuudesta onkimisesta
kun saavun pääteasemalle poltan paksun sikarin
minua on kutsuttu jo hajuttomuuteen
mutta en tahdo vielä kuulla niin kauas

Näen
että elämässä taide ei ole koriste
Tervehdin sitä rentoutuneena
kun muu työ on ohitse

Hengitys tasaantuu, syke laskee

Runoilijan käyntikortti on
Tyhjä paperiarkki
jonka päällä on toimiva kynä
valmiina taisteluun

Paperiarkin toisella puolella
tappelevat valhe ja totuus

Tunnustan
keväällä ystävälle

Synnyin joutsenen munasta

Rikoin kuoren kynälläni

Syksy viiltää silmistä kyyneleet
syksyn pilvi on usko
syksy puhkaisee maiseman
jalkojeni alla

Puut vailla varjoja
laskevat mullassa
kuoleman merkkejä

Hyvät kuolevat haavoihinsa
antavat päivänsä keväistä
kesistä syksyistä talven varjoista

Lopulta valokuvat
ei ole muuta
ei nimiä ei päiviä ei vuosia

Muutan lintujen laulun sanoiksi
löydän iloisen naurun merenrannan puista

ja sinä kuulet
ja minä näen

Olen sinun

Majatalossa on sija
ja muoto

Ines ja Siivi
nukkuvat
samassa huoneessa

Runo ei saa kaikua lopussa
rakkauden huutoja

Alussa sana toisen vieressä
aakkosten peilistä poimittu

Runoilija lausuu:
rakkaus kirjoittaa
hetkien suolaisen makean karvaan

Puolukka on hukkumassa
hunajaa karhun kämmenellä

Sieluveli on
kuvajaisena peilissä

Kenen on se hiljaisuus
silmissä

Entä sanomattomat
rukoukset

Hapen puhumattomuus

Maan äärellä silkinohut pilvi
ja tiimalasini kävelee rinnalla

Toistan sadepisaroiden metaforaa

Tuuli haihtuu hämärään

Kenen hänen ne luonnon äänet
matkalla tähän

Ja toisaalle luoksesi

Ennen lähtöä
elämän kerjäläinen

Muistitko kiittää
joka päivä

Lausuitko yhtään runoa
joka olet

Kevät kun en muista
on kevään syksy
jäällä hidas kello

Askeleet kevään haudalle
puun varjon vaaksa
auringon matala valo

Aikainen lintu
kuunteli sydämeni ääntä

Näen ikkunasta
tuulen läpi
mäntyjen valssin

Ei taida riittää
saippua tekoihimme.

Tuntemattomalle
annettu ruusu multaan

Se lyijy jonka syliin kävelit
meille jäi lakanasi piirros
luoti siveltimen tahra

Pidämme vapaudesta
joka on nyt luuranko
miekka ruoste laulaa

Ensin puissa
Kivi jossa on nimesi rukouskirja
vieras ikuinen

Jääkaapissa on syntymässä jotain mystistä
Hapan maito juoksee yksinään kadulla

Tuntematon lupasi Espan puistossa
postittaa minulle Kafka t-paidan Prahasta

Myöhemmin tajusin hänen olevan runoilijaveli
Maksoin mielelläni
Kirjoitin tämänkin

Tämän sivun kerronnan perspektiivi, fokalisaatio

Älä minulta kysele
Kirjoita itse paremmin!
Nämä ovat episodi kollaaseja

Runoni puut ja kivet
koko ajan matkalla rivien välieihin

Kirjoitan tuulessa
puhtaaksikirjoittamisen saippuassa

Kynä on sähköä
näen nopeat ajatukset
suunniteltu unohtuu
alkaa väärien metaforien lumous

Kun sataa juoksen paperilla
kun juoksen sataa sanoja
kun kirjoitan
itken sitä mitä en ymmärrä
kävelen aivojen juoksuhiekassa

On mahdollista
että viileä ulkoilma pidentää ikää

ja minä istutan eilisen koivuksi runoon

Näen sinut kallion luurangolla
auringonvalon kuume poskilla

Minä täällä, hauras haaveilija!

Sinun vyöhykkeesi liikkeellä
kohti uimalaituria

Mereltä tulee perhosia vatsaani

Peukalossa surulliset kasvot
maalaamisen jälkeen

Pilvien purjeet palavat
puutarha herää

Mökissä savunhajua vaatteissa
lasilliset punaviiniä
haalistunut sitruuna kierii hitaasti
pöydältä puulattialle

Kuolema soutaa järvellä
elävät kalat nauravat koukuttavasti

Järvellä joutsenparin rakastuneet siveltimet

Kuuluisa, ruohoa
ikänsä syönyt hyvinvointi antilooppi
nukkui leijonan luolassa

Leijona lupasi antiloopille
ettei se syö tätä
jos sille järjestetään kadunkulma
missä se voi karjua ohikulkijoille
joutumatta vastuuseen

Avaruus lähestyy
hiljaisia aurinkoisia aamuja

Huoneen nurkassa soittamaton flyygeli
päätän olla silti onnellinen

Rakkaus haihtuu
tulppaanit lakastuvat
lapset itkevät

Vain näkymätön on ehyt
kiinteä
hohtava
tulenvalo

Kynäni kuolleena omenapuun alla

Ennen sinua aika ei kukkinut
Olin eksynyt sanakirjaan

Rakkaudella ei ollut aikataulua
On kyyneliä, jotka

vain me näimme

Syntymämme on aina läsnä
kun puhumme toisillemme

Minä olen sinun luonasi aina
kun me olemme poissa

Kerran matkalla jonnekin
mitä en koskaan tule muistamaan

Näen sinut
me olemme veteenkirjoitettu aika

Hitaiden aamujen nouseva rakkaus

Miten pitkälle jalostua
nähdä näiden valaistujen mystisten
metsien hiljaisuus?

Kuljeskella yhdessä
kuunnella askeltensa
hyväilyä maamon kasvoilla

Tähti muistaa rakkautesi

Annan surulle Kuun taivaalta

Tuijotan ruusupensasta
tuoksutan salaisesta paikasta
tuotua solisevaa lapsuutta

Laiturin keinuvalla laivankannella
mieli on hassu peräsin

Se antaa vastauksen vaikka en kysy

On minulle tuoksuista
uudestisyntyvä kirjasto

Taivas keittiön ikkunassa
rajallinen elämä

Tuulen välisoitto oksalla
pilvet
pieniä valaistuja hetkiä

Meri kasvaa
maan muiston suola   65

jalkojen alla
oma mikä
ei ollutkaan

Huomenna
maalaan mustat enkelit valkoisiksi.

Kirjoitan unettoman yön lakanoihin
korpinverellä rukouksen.

ÄITI - HAURAS HILJAISUUS

Sinä löysit keijujen luo.
Sinä löysit tutun metsän halki.

Siellä valossa on uusi
pimeän koti.

Kaikkialle on oveton matka.

Pergamentti iho.
Otsalla näkymätön risti.

Sinä et vastaa enää.
Hiljaisuuden seinä on välissä.

Sinä olet hyvyyden hehkuvassa.
Sinä sadat vihreyden.

Hiustesi liekki täynnä yksinäisyyttä.

Sinun kastemaljassa läikkyy enkelin sanat.
Sanojesi happi on aamun usvaa.
Sanojesi muisti on olemassa.

Sinä et näe muistoa.
Miten kaikki päättyi, verkkaan.

Rauha, rauhasi
kukkii maljakossa, kynttilä palaa.
Kuvasi liikkuva valo,
lokakuun sade ikkunoissa.

Hitaasti syntyneet hiukkaset
uudestaan uusina kaikilla tulevilla
poluilla.

Sinä, sielusi sai jäälyhdyistä ikkunat seinät
Kuolemasi taloon.

Kirkkaan metsän neito tanssii aamun kasteessa.
Valokello soi ja kaikki mennyt on lähempänä.

Aika on hidastunut.
Ajatukset eivät sinkoile.
Kaikkialla ympärillä tyhjä tila.
Valon hiljaisuus laulaa virttä.

Hymyilevän. Sinun.
Sydämen sauna lakkasi kohisemasta.

Kaikki nimesi on nyt kirjoitettu.

Sielu on kääntynyt kaikille maailman kielille.

74

Voit muistaa mikä ei ole.
Voit muistaa kenelle, kenen olet ollut,
kenelle kirjoitit runoja.

Runous, kirjoittamaton on valmis.

Nauraminen tänään. Sallitaan.
Ainoa tapa välttää toivoton itkeminen.

Ajatukset nuppineuloja ilmassa
vahvoja katkelmia päivästä, elämästä.

Ikuisessa unettomuudessa
henki ei osaa päättää
missä on.

Nopeasti sulaudumme
kaikkiin ilmansuuntiin.

Maan taivaassa.
Annetaan kivien mysteerin sykkiä.
Annetaan mullan kaivaa itseensä.

Kohota kätesi.
Olet lihasta syntyvä puu
mikä tahansa näkyvä tai näkymätön.

Pidät hiljaisuutta kädestä.
Kirjoitat hetkiä ennen ja jälkeen.

Siunaus.

Kynttilöiden vaimea laulu.
Tuulen näkymätön rukous arkulla.
Savu on
lämmin surutakki haudalla.

Pilvikään ei tiedä kaikkea
hajoamisen välttämättömyydestä.

Äiti, hauras hiljaisuus on
osa kyynelten suolaa.

Ihmisen runouden haavan voi antaa olla.

Kivun muisto kuolee.
Ajattomuus hengittää sisään ja ulos.

Vapaassa mullassa heräät aikaan nukkua.

81

Kultaiset lehdet lokakuun kevät herätti.
Savenvalajalla käsissään verta.

Käsi puristaa savea, jää kiukku sen kasvoihin.

Vapaus kiirehti heti aamulla.
Viimeinen päivä läikähti.

IKUINEN MUISTO

Vain kaikujen kaikuja
unien unta pajupilli itkee.